AF367365

YO, SIN MÍ

ESTO (SINTIÉNDOLO MUCHO) NO ES POESÍA

EDUARDO ABELAIRAS GÓMEZ

YO, SIN MÍ

ESTO (SINTIÉNDOLO MUCHO) NO ES POESÍA

EXLIBRIC

ANTEQUERA 2022

EDUARDO ABELAIRAS GÓMEZ

YO, SIN MÍ

ESTO (SINTIÉNDOLO MUCHO) NO ES POESÍA

Prólogo

«En una hermosa mañana de mayo una esbelta amazona, montada en una soberbia jaca alazana, recorría las avenidas floridas del Bosque de Bolonia». Esta es la frase con la que Joseph Grand, personaje de La peste de Camus, luchaba para poder escribir el inicio del libro perfecto. Una ocupación que le entretenía y que ocultaba su auténtica motivación: recuperar el contacto con su amada Jeanne, pues no hay ejercicio más difícil que el de la verdad.

Para Eduardo Abelairas Gómez (Xove, Galicia, 1991) la escritura siempre ha sido parte de su vida, pero no es hasta que se gradúa en periodismo en Santiago, su ciudad de acogida, cuando comienza a encontrar en la escritura un refugio. Ahora compagina su oficio con los estudios de Lengua y Literatura, guiado por una idea, una verdad, que es también el leitmotiv de la obra ante la que usted se encuentra.

Yo, sin mí es una ópera prima que destila los mejores escritos breves de Eduardo en un periodo de más de cinco años. El año 2015 es el que marca el inicio de esta aventura, que como en tantas otras resuena el eco de una ruptura amorosa. Lo verdaderamente importante, más allá del valor literario, es la pureza de esta obra que, lejos de pretender entretener a nadie, expone el renacimiento espiritual de su autor. Esta es la historia de un hombre corriente que decidió ser extraordinario, romper con lo cotidiano para controlar su vida y hallar significado. Y este libro recoge los escritos que han sido testigos de tantas noches en vela frente a un folio en blanco y de todas las frustraciones del proceso artístico por las que Eduardo ha tenido que pasar para poder plasmar su verdad. ¿O acaso conocen a mucha gente capaz de escarbar en una herida, llegar hasta lo más hondo de su alma y volver para ofrecerle su revelación mientras le mira a la cara?

Este libro es el fruto del azar, pues nunca quiso ser escrito. Es el resultado de años de dedicación a uno mismo durante la etapa de consolidación de la madurez, y que en este caso no puede tratarse de un ejercicio más honesto, pues recoge un viaje de autoconocimiento personal.

Yo, sin mí es una obra en dos partes que evoluciona como evolucionó escribiéndola su autor, con una primera parte que irrumpe como un grito existencialista, fruto del desamor, y que resulta en la toma de consciencia sobre la sociedad, el yo y la creación artística desde una perspectiva cruel. Una aproximación cruda hacia la realidad en la que el autor se somete a su propio juicio, convirtiéndose en su propio verdugo, el mártir de su propia revelación. Una práctica que no tiene otro objetivo que compartir su verdad con el mundo para parar el tiempo e iluminarnos esos rincones del alma que tan poco frecuentamos.

En su segunda parte nos encontramos con unos escritos más equilibrados, que, si bien abandonan la crudeza de la primera, no así su mirada escéptica. También hay una evolución literaria que vemos reflejada en unos textos más preciosistas y menos pasionales. Aflora una nueva creencia fundada sobre los pilares de un nuevo amor, la poesía de las pequeñas cosas y el encuentro con su paz interior. No se trata de un proceso concluso, pero sí del inicio de un camino creativo. Una nueva fe.

Por mi parte, deseo que esta publicación signifique también un punto de inflexión para que Eduardo crea en su voz y en su trabajo como escritor. Sé que mis palabras surgen motivadas por la estrecha amistad que nos une desde hace más de diez años, pero por eso también siento que el mensaje detrás de esta obra se amplifica y la huella que deja en mí es aún mayor. Me gustaría señalar de nuevo lo insólito que es poder acceder a los más profundos sentimientos y miedos de una persona, lo que me ha hecho sentir el vértigo de manchar algo sagrado mientras escribía estas líneas. Y ahora que usted sostiene este libro en sus manos solo espero que encuentre en él la verdad que despertó en mí mi amigo: una inspiración sobre cómo afrontar la vida.

Gabriel Cao

Nota del autor

Yo, sin mí es una recopilación de escritos breves en verso de carácter autobiográfico que recogen pensamientos y sentimientos de una etapa concreta (2011-2021). Una década marcada por la desilusión, por la falta de energía vital, por el desencanto. Una guerra librada contra el yo con el mundo como figurante.

Cuando a finales de 2015 la necesidad me obligó a dar testimonio, jamás pensé que desencadenaría en un libro. Esta idea es reciente, y se podría decir que tiene dos propósitos claramente diferenciados: por un lado, revelar lo que nunca le dije a nadie más que a mí mismo. Un soliloquio constante que se ha convertido en una espiral de daños; una actividad estrictamente autolesiva en el plano psicológico. Por otro, intentar cerrar un capítulo que parece ir quedando atrás, pero sabiendo y siendo consciente de que nunca estamos a salvo de la tristeza, y que aquellos que de verdad la hemos sentido y, en consecuencia, padecido, podemos hacer de todo menos confiarnos.

LA CAÍDA

*Escribo para gente que no tiene otro sitio
donde caerse muerta que la superficie de un poema.*
Roger Wolfe

I

Estaba en una roca
sentada frente al mar.
La tristeza, dicen,
se ve en los ojos
o no se ve,
y yo se la vi:
se la sentí.
Miraba al horizonte
como queriendo borrar sus recuerdos,
lamentándose
por haber perdido un tren
que había pasado a tiempo.

Desperdició una oportunidad
de ser feliz,
y se culpó toda la vida
en vez de buscar otra.

II

Luna llena.
Vida vacía.
Me oculto entre las sombras
de mis fracasos,
que solo son uno.
Dolorosa es la consciencia
de la mediocridad propia,
como dolorosa también es
la falta de consciencia.
Me gustaría ser consecuente
con mis actos,
      fiel
a mis palabras.
Pero recuerdo
(no sin pena)
que las mayores
decepciones personales
me las he llevado
conmigo
mismo.

III

Me tumbé boca abajo
y ella hizo lo propio.
Una luz tenue dibujaba
nuestros cuerpos
                desnudos
en ese cuarto
que tantas veces
me vio perder.
Apoyó el mentón
en mi espalda
y
con una voz cándida
dijo:
—No permitas que
nadie te cambie.

Yo sonreí,
me di la vuelta
y le aparté el pelo
antes de besarla
en la frente:
—Es
        justamente
                lo que necesito.

IV

Melancólicos y reflexivos,
así son los viajes en tren.
Miras por la ventanilla
y, por un segundo,
no puedes hacer otra cosa:
lamentar cómo han bajado
las expectativas sobre ti mismo.
Campo, tierra y agua
pasan ante tus ojos,
sin detenerse,
al igual que el tiempo
                    pasa
por tu piel.
Pasan (también)
como pasé yo por tu vida:

Ni siquiera
me convertí
en recuerdo.

V

Todo lo que escribo
ya ha sido escrito.
Todo lo que pienso
ya ha sido pensado.
Gotas en el mar,
polvo en el desierto.
Que no nos mientan:
ya hemos sido vividos
                    por
                      otros.
O lo que es lo mismo,
somos uno más
(tan solo uno más)
dentro de esta inmensidad.

Que cada uno valore
si le parece
          suficiente.

VI

Cuando vuelvas,
no me cuentes tus penas,
tus problemas con ese
que está ocupando mi lugar.
No me digas que no eres feliz
o
que no sabes qué hacer con tu vida.
Cuando vuelvas,
                        si vuelves,
no querré saberlo.

Si me lo dices,
yo permaneceré callado
y lo único que haré
será lamentar
no haber sido
                        mejor
que
todo
eso.

VII

Borrar el pasado
o
recurrir a él para aprender.
No quiero dejar huellas,
verme representado por
acciones
palabras
y
actitudes
de las que ya no formo parte.
El pasado me hace daño,
el futuro no existe
y
el presente ya es pasado.
Estoy atrapado en un limbo temporal:
esclavo,
          inoperante,
                    cariacontecido.

La vida
queriéndose
suicidar.

VIII

… para Lara Munhoz.

Los días pasan.
Yo no,
yo permanezco.
Tuve un sueño que desestimé
por ser un sueño,
por no poder tocarlo
con los dedos.
Dicen que cuando llegas a la meta
buscas nuevos estímulos,
que la insatisfacción es permanente:
bonito eufemismo
sobre la infelicidad.
Por eso, yo ya no busco nada…
no persigo nada.

A algunos
no nos hace falta fracasar
para estar tristes.
Llevamos
la infelicidad
incorporada.

IX

La filosofía existe porque morimos,
porque no somos inmortales.
Algo bueno tenía que tener
                          la
                          muerte.
He pensado mucho sobre ella:
Qué significa desaparecer,
que se borren todas
                          y cada una
    de tus huellas.

Llegué a una única conclusión:
si muero, no vengáis a mi entierro.
No me gusta aparentar.

X

El miedo no se va,
sigue ahí.
No se tiene ni se pierde,
habita o no
en el interior de uno mismo.
Como la tristeza,
como todo aquello
que nos mantiene alerta:
no te confíes.

Estoy aburrido…
y eso también me da miedo.
Aburrirse es perder vida
y yo solo espero
no aburrirme
   de vivir.

XI

Tengo la vista cansada…
No sé por qué,
pero me acaba de venir a la cabeza
una imagen:
un barco de papel
navegando
en pleno océano.
Quizá me recordó a mí:
pequeño
ínfimo,
insuficiente, tal vez;
sin armas
para hacerle frente
al océano,
que es la vida,
o eres tú,
o es el destino.
Que cada uno
le ponga el final
que menos tristeza
le cause,
ya que esto trata
—dicen—
de ser feliz.

XII

Es verano.
Solo estamos a 20 grados…
pero ardo.

Me consumo.

El tiempo dirá
si debería haberme convertido
en ceniza.

XIII

Ya no miro las estrellas.
No ando ni camino,
corro hacia ningún lado.
La hora de la Verdad llegó,
pero yo no quise llegar.

Vistos mis actos,
vista mi zafia y supina terquedad,
el reloj decidió pararse,
no volver a dar la hora.

Desde entonces no sé en qué día vivo.
Permanezco sentado, imperturbable,
esperando a que aparezca lo que Fernando Pessoa
denominó «la diligencia del abismo».

Mientras lo hago, pensaré en ti:
no hay nada mejor que el amor que no me diste
para darme cuenta de lo que no he sido.

XIV

Silencio
mente en blanco
folio también en blanco
necesidad
carencias
falta de talento
desesperanza
expectativas incumplidas
intento
fracaso
nuevo intento
nuevo fracaso
ausencia de intento
tercer fracaso
reinicio
querer
no poder
no querer
lamentar
consciencia
no vivir.

Vacío.

Enhorabuena si tú tienes
una historia más bonita
que contar.

XV

Gemir,
y no de gozo.
Llorar,
y no de alegría.
Gritar,
y no de liberación.
La pena se camufló
con la rutina
y
el cuerpo se acostumbró
a los golpes.
Transitando en la intrascendencia,
huérfano de ilusión.

Llamaron a la puerta
y miraste por la mirilla.

No hay nadie.

El rellano está vacío.

Solo se escucha tu respiración.

No,
nadie te va a ayudar
a salir de esta.

XVI

Llené la bañera y me senté dentro.
El agua estaba muy caliente,
se fundía con el calor de la habitación.
Me acomodé y esperé
a que cesara en su movimiento;
quería la máxima quietud posible.
Me incliné levemente hacia delante
y me paré, encorvado, a observar mi reflejo.
Las luces dibujaban la silueta de mi cabeza sin cara,
mientras las gotas de sudor
descendían por mi frente
hasta llegar a la nariz.
Allí se precipitaban a ese pequeño mar sin sal.

Me cuesta encontrarle belleza
a la desnudez del cuerpo.
Quizá porque nunca me gustó el mío.
Soy el antónimo de Narciso.

XVII

Bloqueo mental.
No logro avanzar,
dar ese pequeño paso
que me sirva de impulso,
que me permita
mirarle de frente a la vida.
Hoy he leído una entrevista a un escritor
en la que decía que el mayor peligro
es morir de falta de intensidad:
apagarse.

No sé si es contradictorio
que les haya dado a algunas personas
esa segunda oportunidad
que no me doy a mí mismo.

XVIII

Cuando no sé qué decir,
no digo nada.
A veces sé qué decir,
pero no cómo decirlo,
así que nada digo tampoco.
Hoy escribo estos versos que nada dicen,
porque nada han de decir.
Palabras desprovistas de significado,
carentes de poesía.

El cielo nunca estuvo tan azul
en el último mes,
pero las calles siguen desiertas.

No avanzamos.

No crecemos.

Un niño soñó con encontrar la paz,
y fue en vano.
O el mundo no le dejó,
o él no lo deseó lo suficiente.

XIX

Prólogo del hoy futuro:
hoy es día de llorar palabras,
de escupir saliva en vez de tragarla.
Desde primera hora se avecinaba tragedia,
y yo no defraudo si se trata de defraudar.
Naufrago con el mar en calma,
construyo muros de piedra
detrás de paredes de papel.
«Culpable»,
dictó la sentencia,
pero qué valor tiene si el juez soy yo.
El grito que me resisto a dar
se vuelve silencio errante,
acompañándome en el error.

Itinerario de defunción.

XX

No fueron los relámpagos,
ni tampoco la violencia de esa lluvia
que, a veces, parece traspasar el suelo
hasta llegar al inferno.
Eran pensamientos…
solo pensamientos.
La noche había caído hacía varias horas,
el inverno había llegado para quedarse.
Dos de la mañana en el reloj
y el día no estaba dispuesto a acabar.
Quería morir matando;
esa es la piedad que tiene la vida por nosotros.
Me tumbé en la cama
y me sentí solo.
Estaba solo…
y me sentí solo.
Cuerpo frío,
oscuridad,
silencio,
ojos abiertos.
De repente…
        ruido,
mucho ruido en mi cabeza,
en mi mente.
Frases,
personas,
hechos…

En el vértice…
                    yo,
maltratado, herido por los golpes,
demacrado a mis ojos,
casi sonriente a los ojos de los demás.
Cien pensamientos por segundo
y una idea,
                    por primera vez,
de fondo:
terminar con todo esto.

Ya no soy virgen.

XXI

Líneas versadas que me dicen cómo estoy,
cómo estuve,

          pero nunca cómo estaré.
A no ser que tan solo sean
un reflejo de aquello que nunca ocurrió,
que no sentí.

Imaginación de lo que pareció ser.

Escribo en casa
lo que leeré en cualquier lugar
sin recordar este día.

Descontrol de tiempo y espacio.

Extiendo el brazo y apoyo la mano
mientras la cierro lentamente.
Me agarro a la silla asegurándome
de que el «ahora» y el «aquí»
están
existiendo.

XXII

Sin inspiración,
así me hallo.

Nada nuevo que contar que interese.

Hoy se cumplen
tres semanas de cuarentena,
veintiún días
de pura inactividad física y psicológica.
Llevo muchas horas sin pensar,
relegado al ostracismo intelectual.
El tiempo avanza,
los años pesan
y la melancolía permanece
indestructible,
inalterable.

Hoy tan solo soy
un sujeto contemplativo,
una mera presencia.
La abstracción del yo
promete dibujar sombras alargadas,
y te puedo asegurar
que siempre es fiel a sus promesas.

XXIII

Ocho de la mañana
y el día se empapa de claridad.
Es 26 de abril,
las horas de luz se irán alargando
hasta finales de junio.
Empieza una nueva semana
y yo quiero empezar con ella:
Comezar de novo.

Ya no quiero disfrazar la tristeza,
vestirla antes de salir a la calle
a gusto de cualquier cliente insatisfecho.

El vértigo es mi normalidad,
la normalidad de un pájaro que no sabe volar.

Yo no amé mis defectos,
me masturbé pensando en ellos
y prostituí mi mente.

Ella

no tuvo

compasión.

XXIV

Nadie canta para que escuches su canto,
sino para escuchar su propio cantar.

Yo no canté.
Fui cantado.

XXV

Por si mañana no me despierto,
aquí están estos versos.
No son ni las doce de la noche,
pero es tarde en mi reloj biológico.
Si mañana no despierto,
será porque hoy no fui suficiente.
¿Eliges morir?
No elijo nada,
Dios me hizo así.
Suena el piano,
cada suave nota golpea mi piel.
No fui lo que quise,
seré lo que quiero:
nadie.
Inhalo el humo de un mundo inventado,
no hallo belleza que salve al mártir.

Mi vida fue vivida al revés.
Nací sabio y morí
sabiendo solo una cosa:
estuviste equivocado.

XXVI

Mi imperfección me condenó
a los ojos de nadie.
Las lágrimas no solo lloran
penas o alegrías,
lloran
dolor,
desconsuelo,
aflicción…
No quiero ser
un mero testigo de mí mismo,
quiero actuar,
no depender de la vida;
contar una historia real
mientras descubro la belleza
que se oculta tras los escombros.
La realidad es cruda
y el arte,
un oasis.
Prométeme
—aunque me mientas—
que sí…

que nos merecemos ser felices.

EL PRIMER HOMBRE

Las ilusiones perdidas
siempre se las encuentran otros.
Karmelo C. Iribarren

I

Me miró fijamente
y,
al mismo tiempo,
resignada.
Noté la desilusión
en su mirada
antes de escuchar
unas palabras
que aún hacen eco
en mi memoria:
«Con quererse no es suficiente»,
        me profirió.
«Pero es un buen comienzo»,
        pensé yo,
sin llegar a responder.

II

Mundo frío,
insensible
y exageradamente
racional.
Yo,
que vivo más
de sensaciones,
me pregunto
si sirvo hoy,
si seré útil mañana,
aquí,
en la dictadura
de lo
        práctico.

«Busca una razón», escuché.
Desoí el consejo
y decidí
        buscar
        un
        sentimiento.

III

Memoria a corto plazo,
selectiva
y
disfuncional.
Para qué la queremos
si no la utilizamos,
si las personas nos dan igual
desde el momento
en el que ya no nos hacen falta.
«¿Una foto?»,
me preguntas.
Pero yo no soy
de sacarle fotografías
a los buenos momentos.
Sí
   de
     recordarlos.

IV

Cuánto daño pueden hacer
unos cuantos kilómetros.
Dos lugares diferentes
y
dos formas de vida distintas.
«Ojalá estuvieras aquí»,
se oyó entre el bullicio,
y sentí pena.
He visto a personas
desvanecerse
por «ojalás»
que nunca se llegaron a cumplir.

No, no estamos tan lejos
el uno del otro.
Tenemos la luna
a la misma distancia.

V

Cayó la noche y se asomó la luna;
apareció entre las nubes invisibles
como queriendo escapar de lo inevitable,
salvarse de sí misma.
Yo camino en la oscuridad,
la luz tenue de las farolas guía mis pasos:
sé de dónde vengo,
desconozco a dónde me dirijo.
Envidio a los que sí lo saben,
aunque solo sea porque saben algo.

También intento salvarme de mí mismo,
como la luna;
lo hago en la soledad de la noche,
la misma que no tiene piedad de los débiles.
El aire frío me golpea en la cara,
me mantengo en pie,
no sé si por mucho tiempo...

Un coche se acerca a lo lejos,
levanto la mirada poco a poco para no cegarme.
Mis ojos se resienten,
los párpados lo notan.
El coche avanza rápidamente,
apenas diez metros nos separan,
y pienso.

Pienso qué ocurriría si ahora mismo
diese un paso a mi derecha.
¿Qué pasaría? ¿Quién lloraría?
Y, sobre todo, ¿qué perdería?

Despierto del letargo,
el coche ha pasado:
No importa —digo—,
hay más coches…

         pero hay solo una vida.

VI

No llega el poema
que te recuerde.
Ya no logro juntar versos
para hablar de ti.
Quizá mi olvido se activó
para corresponder al tuyo.
Quizá el olvidado
                    haya decidido
             —de una vez por todas—
olvidar.

Pero ¿sabes qué?

Que un buen día escribí
—creo que acertadamente—
que el verbo «decidir»
no tiene cabida
                    en el amor.

VII

Pánico.
No es miedo.
Es pánico.
¿A qué?

Lo he pensado alguna vez.
Me imagino dentro de unos años.
Piso,
pareja,
vida acomodada…
Doy media vuelta,
me pongo de espaldas
y
me alejo poco a poco.

Pánico.

¿A qué?

A que ella,
la que sea,
la que en ese momento me acompañe,
piense:

un extraño.

VIII

El abrazo que nos dimos
fue tan sumamente frío
que hoy
—ojalá logréis entenderme—
ya no creo ni en el amor.
Todo,
absolutamente todo,
está sobrevalorado.

Excepto la paz.

IX

Ya no recibo esa llamada
que *siempre* me ibas a hacer.

Ya no escucho esas palabras
que *siempre* me ibas a decir.

Ya no disfruto de esos besos
que *siempre* me ibas a dar.

Nunca
digas
siempre.

X

Lluvia con olor a melancolía,
viento en la cara
y
decenas de personas con paraguas;
«a cubierto de la que puede caer»,
pienso yo.
En un bar una pareja
toma el café de media tarde.
Están distraídos,
tienen la mirada perdida.
Él decide romper el silencio:
«Llueve como si se fuera
a acabar el mundo».
Ella, mientras tanto,
impasible,
mantiene la vista fija en el suelo
y concluye:
«No creo que merezca un final

tan bonito».

XI

Quisiera alumbrarte,
pero no tengo luz.
Me dejé guiar por mi sombra
y me apagué.

Ella solo existe cuando sale el sol.
El sol solo existe cuando lo veo.
Yo solo existo cuando creo en mí.

Y tú… ¿existes?

O tan solo eres un dibujo
que podría ser borrado
de ese lienzo llamado vida.

XII

Mientras *no* escriba un poema sobre ti
seré libre.
Estaré salvado
mientras *no* escriba un poema sobre ti.
Salvado de la dependencia,
de la intranquilidad,
del amor, quizá.
Mientras *no* escriba un poema sobre ti
te dedicaré,

       únicamente,

el tiempo estrictamente necesario;
no te regalaré ni un segundo de más.

Mientras *no* escriba un poema sobre ti.

XIII

Dime por qué lloras,
cuéntame tu secreto mejor guardado
y
dejemos que el dolor nos ahogue.

Abrazaré tus miserias.
Le haré el amor a tus miedos.

Lo que no me digas tú
me lo dirán tus ojos,
incapaces de mentir.
deseosos de brillar.

Te desnudé y recorrí
tu cuerpo muy despacio.
Te señalé justo debajo del pecho.

Esa marca —me dijiste—
me la produjo la vida.

XIV

El talento
está sobrevalorado,
porque hasta
el peor escritor
del mundo
puede escribir
un verso
que le haga sentir
algo
    a alguien
        en algún lugar.
Y entonces,
todo habrá
tenido sentido.

Tú
—el malo—
estás perdonado.

XV

En Palma también llueve.
Eso sí, la lluvia
no tiene olor a melancolía,
como en Galicia.
Me representa menos.
Allí, en mi casa,
cada gota en la cara
inspira intimidad,
cada nube se disfraza
de soledad.
Aquí, en Palma,
las calles, mojadas,
se secan en un abrir y cerrar de ojos.

Amagos de tristeza.

No soy de aquí.

XVI

Al oído te diría
que no te preocupes.
Vamos a hablar,
reír,
discutir,
llorar.
Vamos a despedazarnos
en dos días,

                pero no te preocupes.
No te preocupes,
aunque no dejemos
más que los restos.
Es más, dejemos solo los restos.
Hagamos el amor
hasta consumirnos.
Odiémonos luego,

pero recordémonos.
Recordemos la historia
que un día nos unió…

para siempre.

XVII

Hoy las palabras salen,
una tras otra,
sin forzar nada.
No sé por qué,
pero lo hacen.
Otros días me siento
y soy incapaz de escribir
una sola línea
en una o dos horas.
Tiempo perdido,
diría la mayoría.
Menos mal que a mí,
las mayorías,
hace tiempo
que no me representan.

XVIII

Los aeropuertos nos dicen algo,
rara vez permanecen callados.
Te vas
o vuelves,
te despides
o das la bienvenida.
Aunque trates de intuir lo que te espera,
no hay certeza que te ayude.
El amor nace y muere
en los aeropuertos.
A nosotros,
las personas,
nos pasa lo mismo:
nacemos y morimos allí,
pero siempre pudiendo
volver a nacer.

Te vi esperando con entusiasmo su llegada.
Ahora —ya sabes—
solo te queda rezar
para que siga siendo el mismo.

XIX

Yo estoy solo
y tú estás sola:
por qué no estar solos…
juntos.
Ni te conozco ni me conoces,
ni espero nada de ti ni tú de mí.
Quizá sea esa nuestra virtud.
Las decepciones no tienen cabida,
porque no somos nada
                                    ni nadie
para el otro.
Dame un par de horas;
podré ilusionarte o
sacarte de quicio.
Lo que no haré
será dejarte indiferente.

La indiferencia
es el fraude
de los sentimientos.

XX

Esta semana no trabajo,
así que me fui a un pueblo costero
a una hora de mi casa.

La temperatura es complaciente.

Unos niños se van después de bañarse,
una chica extranjera hace *topless* a pocos metros
y su madre —me acabo de enterar—
toma el sol con una prenda en los ojos.

El mar apenas se mueve,
predomina el silencio.
Todo está en reposo,
bien organizado.

Ni rastro del caos presente:
de la crisis,
la pobreza,
el racismo,
las guerras
y el poder.

Ni rastro del hombre malo.

A una hora de mi casa.

XXI

La poesía que no escribo
es un motivo para el lamento.
Falta de talento
o
falta de energía.
Falta de consciencia.
Falta de valor para valorar…

La poesía que un día escribí
no fue poesía hasta pasado el tiempo.
Ahora escribo palabras
a las que desearía poner nombre.
Mi firma no es suficiente,
y no por estar tachada.

Siento no poder crear
poesía de lo nuestro.
Solo espero que eso
no signifique nada.

XXII

Empiezo sin saber qué decir,
sin motivos para hacerlo.
Callar es mejor que no decir nada,
y yo nada digo…
                pero no callo.
Continúo con palabras que se encadenan.
Forman algo,
aunque solo sea espacio habitado.
Una detrás de otra y antes que la posterior.
No hay literatura,
únicamente realidad.
Arrugas en la mitad de un folio
que no estaba en blanco,
madera picada sujetando mis codos,
réplicas de carátulas de discos en la pared.
Es domingo en el calendario y en la calle.
Los coches están mojados,
como mojados también están los árboles,
los tejados…
Es el primer mes de un año
que empieza antes de tiempo.
La nostalgia se apodera de la ciudad
y
a la poesía no le queda otra que sonreír.

XXIII

Estas líneas no son más
que una pequeña apología al recuerdo
y a la memoria.
Quizá también una condena al olvido.
La muestra de que,
al noroeste de la península,
pasó algo,
algún día,
            pero en un lugar muy concreto.
Y que solo depende de nosotros
el hecho de prescribir,
de convertirnos
en pequeñas reminiscencias de lo que fuimos.

Acuérdate de estas letras
cuando te olvides de mí.

XXIV   66

Cuando escribo, soy feliz.
Cuando escribo mucho, soy infeliz.
Cuando no escribo, soy aún más infeliz.

XXV

Soliloquio que no cesa.
Esta vez no por deleite,
sino por obligación.
Día 28 de cuarentena
y las fuerzas, a veces, flojean.
La vida,
esa que tanto cuesta descifrar,
está ahí fuera.
Por eso hoy
                    la vida
          no vive.
Tampoco lo hizo ayer
y no lo hará mañana.
Aquí dentro todo sigue,
todo continúa su cauce.
Recuerdo —entonces—
que hace no tanto
estaba haciendo el amor
en esta misma habitación.
Y pienso que el tiempo pasa muy deprisa,
que todo puede cambiar
en un abrir y cerrar de ojos
y que tú,
que justo ahora me estás llamando,
quizá no estés ahí para verlo.

XXVI

Enero, 28.
Ni la luna más llena,
con una forma más perfecta,
logra paliar la tristeza que hoy siento.
Escribo,
        aunque no soy escritor.
Hoy, sin embargo, me gustaría serlo,
para ser capaz
de decir lo que quiero decir,
de transmitir lo que quiero transmitir.
No sabía lo que era el aliento
hasta que noté que me faltaba.
Cuesta elegir las palabras correctas
inmerso en esta falta de corrección continua.
Lloro recordando mi llanto,
las lágrimas que inundaron
este caparazón despedazado.
Si cada día es un nuevo día,
yo solo espero que mañana no sea hoy,
pero que pueda recordarlo como ayer.
En la vida,
sufrir es norma y no excepción,
y yo no represento una excepción a la norma.
Vivo queriendo y no pudiendo,
y ahora he de construir una despedida sin querer.

Bajo una lluvia que se fusionaba con mi pena,

te abracé y vi cómo mi alma se desplomaba.
Te di un beso en la frente
y conseguí articular las cinco palabras
más sinceras de toda mi vida:

«Lo siento…
lo siento mucho».

XXVII

¿Sobre qué escribes?

Sobre mí:
sobre lo que veo,
sobre lo que pienso,
sobre lo que siento.

¿Por qué?

Para saber que he existido.

Ya lo decía Raymond Carver:
«La autobiografía
es la historia
de los pobres desdichados».

XXVIII

Tengo ganas de amar,
ganas de que me amen.
Estoy harto de ser
un funcionario del amor,
cansado de tanta burocracia.
Si para vivir hay que estar vivo,
quiero amar para poder vivir.
De una vez por todas,
aprendí a apreciar la diferencia
entre un corazón que late
y otro que resiste.

XXIX

El año se acaba, llega a su fin.
Hace unos días me hablaste sin decirme nada.
No siempre es necesario.

Yo respondí.
Necesitaba tu perdón.

La nostalgia se impone al orgullo.
Soy un hombre
que solo crece si mira al pasado.
Observo luz entre la bruma de mis recuerdos.
Así llegué a ti, recordando
lo que quiere ser recordado.
Seguiré así mientras el cuerpo me sostenga
y la mente no me traicione.

En mi memoria
estás a salvo.

XXX

Los pájaros no cantan,
el sol no sale,
el músico no comparece.
Viento y frío en junio,
esencia de noviembre.
Cuando te dan la espalda,
da la espalda.
Cuando apariencia y realidad se fusionan,
mantente firme.
Llora,
        no lo contengas,
porque estamos hechos de las lágrimas
que nos provocaron
y provocamos a los demás.
Los pájaros volverán a cantar,
el sol a salir,
el músico comparecerá.
El camino no es recto,
pero contiene un olivo detrás de cada valla.
Me sentaré en la sombra que proyecta
y comeré el fruto prohibido del placer.

Este no está envenenado.

XXXI

Si escribo sobre el amor
sin estar enamorado,
significa que escribo
lo que no siento,
lo que no soy.
Si escribo sobre el amor
sin saber si estuve enamorado,
significa que escribo
lo que no sentí,
lo que no fui.
Si me prohíbo escribir sobre el amor
por no ser,
por no sentir…

para qué escribir.

XXXII

No quiero hacerte daño
ni que tú me lo hagas,
pero tú no me lo haces.
No quiero hacerte daño,
que mi tristeza te entristezca
y que mis labios te curen.
No me quieras,
aunque yo te quiera,
porque yo te quiero.
A veces, me miras y sonríes,
te miro y sonrío,
me miro y sonrío,
y me enamoro de mí.

XXXIII

Escribo para ti,
para darte forma.
Para mí.
Escribo por la noche,
por la noche soy yo.
Escribo siendo,
no pareciendo.
Pareciéndome a mí,
en todo caso,
que sería parecerme
a lo que creo ser,
y creer ser
es no ser.

Escribo,
no soy.

XXXIV

Cuántas palabras puedo llegar a escribir
sin decir nada…

Palabras vacías.

Cuántos sentimientos puedo intentar describir
equivocándome una y otra vez…

Palabras erradas.

Si no escribo,
si no describo…

Palabras ausentes.

Y a la ausencia
—ya lo sabemos—
solo le encuentra belleza Neruda.

XXXV

Si te dijese «te quiero»,
te estaría mintiendo.
Y si miento,
tú te enfadas.
Si me dijeses «te quiero»,
me estarías mintiendo.
Y si me mientes,
yo no me enfadaría.
Miénteme,
miénteme
y vuélveme a mentir.
Pero si me mientes,
que no se te ocurra decirme
—nunca—
la verdad.

XXXVI

No soy perfecto,
no lo soy.
En mí puedes reflejarte:
verte.
Pero no soy espejo…
soy espejismo.

XXXVII

Contigo,
no sé qué pasa,
nunca acabo los poemas;
no encuentro un final
que haga justicia a la historia.
¿Seré yo,
mi demostrada incapacidad,
o será la propia historia,
que no quiere acabar?

XXXVIII

Escucho llover ahí fuera,
llueve aquí dentro.
Cae mi mirada,
más vertical que horizontal.
Las lágrimas también verticales,
pero curvas,
superan obstáculos.
Mueren con el objetivo cumplido,
llegan a la meta.

Porque hay meta.
Eso,
    que nunca se te olvide.

XXXIX

Dame paz,
huyamos de la guerra.
Construyamos un hogar propio,
común,
donde la tierra no nos trague,
donde el cielo nos abra sus puertas.
La montaña no vendrá a mí,
ayúdame a ir a la montaña.
Dime,
     en este momento,
si la esperanza tiene significado
o si es descendiente de la nostalgia.
Midamos nuestro éxito o fracaso
por el número de veces que hacemos el amor.
Sonriamos al odio
hasta hacer que desaparezca.
Caminemos
y
perdamos la consciencia.

El mundo empieza en *nosotros*.

XL

Paz en el ambiente.
¿Por qué no consigo estar bien?
Te quiero
y me quieres.
Mis ojos, diáfanos,
son capaces de
ver,
observar,
contemplar la hermosura.
Por mi boca salen
palabras desnudas, con alma.
Mi mano derecha dibuja
estatuas de piedra
en papel seco imperecedero.
Mi corazón late,
y no porque tenga que latir.
¿Cuál es el secreto de vivir?
¿Dónde
se halla
la Verdad?

XLI

Día 25.

Salí sin encender la luz.
Bajé a pesar de todo,
la luz me estaba esperando.
La ciudad es mía,
pequeña ciudad,
pero propia en un mundo infinito.
El amor existe.
Otros lo crearon,
                    tú lo hiciste,
lo experimentaste.
Las lágrimas me vaciaron el alma
mientras mis manos se ensuciaban.
Los pies en el suelo,
la mirada limpia.
Tengo promesas incumplidas,
pero no importa,
porque prometer es querer engañar al tiempo,

y al tiempo solo lo engaña el amor.

XLII

Hoy no soñé contigo.
Apareciste en mi sueño,
		soñé en *ti*,
te soñé.

Hoy no soñé contigo.

Hace tiempo

que no soñamos

juntos.

XLIII

19 de noviembre.
No hay nubes en el cielo.
Hace tiempo que mi ánimo no me desanima,
que mis piernas pueden con el peso de mis hombros.
Camino con la vista al frente,
quiero que la ciudad se muestre.
El suelo,
      esta vez,
se lo dejo a los muertos.
Hoy me han dado una muy mala noticia
y no veo rastro del sollozo,
del gemido sordo que hacía eco en mi pecho.

Algo está cambiando.

No es por ti ni por la poesía,
tampoco por este noviembre,
el noviembre más feliz de los últimos 29 años.

Soy yo,
y estoy conmigo.

XLIV

Ven a casa y cuídame.
Yo también te cuidaré.
Tengo las fuerzas intactas
de no cuidarme a mí mismo.
Se me da mejor quererte que quererme,
aunque digan que eso es imposible,
que no se puede dar
lo que uno no tiene.
Aprendí que no hay nada como amar,
aunque no seas amado.
Amar es ser,
         esencia.

Ser amado,
una consecuencia
de lo que otros ven en ti.

Te pido que vengas
y que hagamos el amor.
Dejemos la literatura de lado
y seamos,
        por un momento,
solo carne.

Luego
hablaremos de poesía.

XLV

Las penas del corazón
son heridas en el alma,
y el alma cicatriza,
pero no olvida.

XLVI

Algún día
—en un futuro próximo,
o no, quién sabe—
descubriré que todo esto,
toda esta ingente cantidad de
sentimientos
acciones
y pensamientos,
a los que alguien les puso el nombre de «vida»,
no estuvieron tan mal.
Y será ahí cuando
coloque un vinilo de Paul Desmond,
me siente en el sofá del salón,
exhale el penúltimo suspiro
y escriba:
«Ahora sí, puedo morir en paz».

Pero hasta entonces,
he de limpiar las lágrimas,
escuchar el sonido de mis pisadas
y observar,
sobre todo,
            observar:

el sol se está poniendo.

XLVII

Fue duro verme,
observarme desde la distancia
y pensar:
            «no quiero ser así».
Y si así soy,
no quiero ser.
Hubo un tiempo
en el que no quería ser,
no quería estar.
Ni contigo,
ni sin ti;
tampoco conmigo.
El amor,
mi único consuelo,
vivía al margen de mí,
pero yo seguí por él.
Seguir por algo
que quizá nunca llegue,
que quizá nunca suceda…

La esperanza a veces no muere.
El amor no muere nunca.

XLVIII

Todo está pasando muy deprisa últimamente.
Todo
es
el tiempo.
Séptimo mes del año,
verano en este lado del globo
y las noches son cortas desde hace semanas.

Sigo despierto.

La travesía no me atraviesa,
se abre hacia un horizonte siempre desconocido.
Cualquier día que contenga la palabra «paz»
es un día que merece ser vivido.
La vida necesita descansar.

XLIX

… para Iris Martínez.

Uno de mayo.
Abril acabó como empezó:
mucho ruido
y preguntas sobre la mesa.
He contestado algunas,
otras las he dejado a medias,
incompletas.
Es sábado, y los sábados
suelo pasarlos contigo.
Te has quedado dormida
mientras tomo una cerveza,
mientras Billie Holiday
suena de fondo en mi salón.

No quiero que las flores
que crecen a mi alrededor
se marchiten dentro de mí.
A todos nos llega nuestra hora,
pero su hora no debería ser esta.
El caos puede tener orden;
el límite, ser relativo…

Es la una de la madrugada,
el vinilo ha llegado a su fin
y solo se escucha el reloj de pared.

Tu respiración se intercala con el segundero.

Uno me dice que me dé prisa
y la otra, que nunca es tarde.

L

Escribía un día Cristina Peri Rossi,
poetisa uruguaya, lo siguiente:
«Líbranos, Señor,
de encontrarnos,
años después,
con nuestros grandes amores».
Me pregunto,
humildemente,
si yo seré
uno de esos amores
para alguien,
para una sola de todas esas personas
que me han encontrado
con el paso de los años.

Sí así fuera,

poco más necesitaría

para perdonarme.

LI

Cuenta regresiva.
Regresar al punto de partida,
pero solo mentalmente.
Cuánto tiempo he estado esperando
que el tiempo jugara a mi favor:
es cuestión de tiempo.
El tiempo pasó
y la cuestión no se resolvió:
pasé con el tiempo.
Hoy es 1 de octubre y pienso
en las cosas que me hacen feliz.
Mis peces crecen sanos,
yo intento crecer con ellos.
Su vida me da vida,
paz su movimiento.
Kenny Drew ameniza una noche inofensiva.
Las paredes no hablan
mientras suena *Everything I love*.
No haré tratos con el diablo.
No cargaré con el peso de la conciencia.
Cualquier camino se inicia con un paso,
y el de la salvación no iba a ser menos.

LII

Me senté en un banco de piedra
y observé cómo se apagaba el día.
Cayó la noche
ante la firmeza de las estrellas.
El cielo cambió de color,
el sonido se quedó huérfano.
Pensé en mí mismo
y me sentí afortunado
de poder estar allí,
presenciando la magia de lo cotidiano.
A veces,
        la infelicidad
                es solo una excusa.

Índice

Sobre el autor

Eduardo Abelairas Gómez (Xove, Lugo, 1991). Emparentado con la escritura desde pequeño, a los dieciocho años decide matricularse en Periodismo, estudios que finalizará cuatro años después en la que será su ciudad de residencia, Santiago de Compostela. Tras un breve paso por Santander, convierte a la capital gallega en su nuevo hogar. Allí obtiene un posgrado en Estudios Internacionales y establece sus primeros contactos con el mundo de la comunicación, que pronto dejará atrás. Actualmente compagina su trabajo con el grado en Lengua y Literatura, cerrando así el triángulo cuyos vértices serían la comunicación, la escritura y la filología.